Fabien GUIBBAUD

Livret d'évaluation des périodes de formation en milieu professionnel

Baccalauréat Professionnel Commerce

Classes de première et de terminale

Éditions BERTRAND-LACOSTE
36, rue Saint-Germain-l'Auxerrois – 75001 PARIS

SOMMAIRE

PREMIÈRE PARTIE : Les partenaires et les objectifs des PFMP

SECONDE PARTIE : Le suivi des PFMP en première et en terminale

ISBN : 978-2-7352-2365-7

PREMIÈRE PARTIE

Les partenaires
et
les objectifs des PFMP

LES DIFFÉRENTS PARTENAIRES

IDENTIFICATION DU LYCÉE
Nom : ....
Adresse : ....
....
Nom du proviseur : ....
Nom du proviseur adjoint : ....
Code postal : .... Ville : ....
Téléphone : .... Mél : ....
Télécopie : .... Site internet : ....

IDENTIFICATION DU STAGIAIRE
Nom : .... Prénom : ....
Adresse : ....
....
Code postal : .... Ville : ....
Fixe : .... Portable : ....
Année scolaire 20 . . / 20 . . Classe : ....
Année scolaire 20 . . / 20 . . Classe : ....

L'ÉQUIPE PÉDAGOGIQUE

	Première	Terminale
Professeur principal	....	....
Professeur référent	....	....
Professeur chargé du suivi	....	....
DOMAINE GÉNÉRAL		
• Français	....	....
• Histoire-géographie	....	....
• Mathématiques	....	....
• Anglais	....	....
• Espagnol	....	....
• EPS	....	....
• Éducation artistique	....	....
DOMAINE PROFESSIONNEL		
• Pôle Vendre	....	....
• Pôle Gérer	....	....
• Pôle Animer	....	....
• Économie-droit	....	....
• PSE	....	....

PRÉSENTATION DU BACCALAURÉAT PROFESSIONNEL COMMERCE

Diplôme de niveau IV

DÉFINITION DU DIPLÔME

Le titulaire du baccalauréat professionnel Commerce est un employé commercial qui intervient dans tout type d'unité commerciale sédentaire ou non, alimentaire ou non alimentaire, spécialisée ou généraliste, en libre-service ou en vente assistée, afin de mettre à la disposition de la clientèle les produits correspondant à la demande.

Sa formation se déroule sur trois années. L'élève est mis régulièrement en situation tout au long de sa scolarité : vingt-deux semaines sur trois ans, dont seize semaines en classe de première et de terminale.

Son activité consiste, au sein de l'équipe commerciale :

– à participer à l'approvisionnement ;

– à vendre, conseiller et fidéliser ;

– à participer à l'animation de la surface de vente ;

– à assurer la gestion commerciale.

EMPLOIS CONCERNÉS

Ces emplois s'adressent aux employés commerciaux, dont les appellations varient selon le type de commerce et de point de vente.

Les appellations les plus fréquentes sont : employé de commerce, employé commercial, conseiller de vente, vendeur, vendeur spécialisé, vendeur conseiller, adjoint du responsable (pour une petite unité).

Le titulaire du baccalauréat professionnel Commerce exerce son activité sous l'autorité et l'encadrement du responsable du point de vente ou du rayon, du gérant ou du commerçant. Il est autonome dans la relation au client en entretien de vente.

PERSPECTIVES D'ÉVOLUTION

Dans le cadre de son parcours professionnel, le titulaire du baccalauréat professionnel Commerce pourra assumer des responsabilités qui le conduiront à exercer en tant qu'adjoint ou responsable de tout ou partie d'une unité commerciale.

RÈGLEMENT DE L'EXAMEN DES ÉPREUVES PROFESSIONNELLES

Baccalauréat professionnel Commerce*

Épreuves	Unités	Coef.	Forme	Durée
ÉPREUVE E1 : épreuve technique et scientifique		6		
Sous-épreuve E11 : action de promotion-animation en unité commerciale	U11	4	CCF	
Sous-épreuve E12 : économie-droit	U12	1	CCF	
Sous-épreuve E13 : mathématiques	U13	1	CCF	
ÉPREUVE E2 : préparation et suivi de l'activité de l'unité commerciale	U2	4	Ponctuel écrit	3 h
ÉPREUVE E3 : épreuve pratique prenant en compte la formation en milieu professionnel		5		
Sous-épreuve E31 : vente en unité commerciale	U31	4	CCF	
Sous-épreuve E32 : prévention-santé-environnement	U32	1	CCF	

* Voie scolaire dans un établissement public ou privé sous contrat, CFA ou section d'apprentissage habilités et formation professionnelle continue dans un établissement public.

ÉVALUATION DES PÉRIODES DE FORMATION EN MILIEU PROFESSIONNEL

Les périodes de formation en milieu professionnel sont évaluées dans le cadre de l'épreuve E3.

	Sous-épreuve E31
INTITULÉ	Épreuve pratique prenant en compte la formation en milieu professionnel : vente en unité commerciale.
COEFFICIENT	4
OBJECTIFS	Cette épreuve vise à apprécier l'acquisition et la maîtrise de compétences mises en œuvre en entreprise par la pratique de la vente en unité commerciale et par celle des opérations de gestion afférentes.
FORME	**Contrôle en cours de formation** Le tuteur en entreprise et le professeur de spécialité se concertent pour mettre en place une séquence d'évaluation par grand domaine : – la vente ; – l'organisation de l'offre produits ; – la gestion du rayon.

OBJECTIFS DES PÉRIODES DE FORMATION EN MILIEU PROFESSIONNEL

- Observer et appréhender la réalité des situations professionnelles commerciales.
- Acquérir et approfondir des compétences en matière d'animation, de gestion et de vente.

ATTITUDES PROFESSIONNELLES À DÉVELOPPER

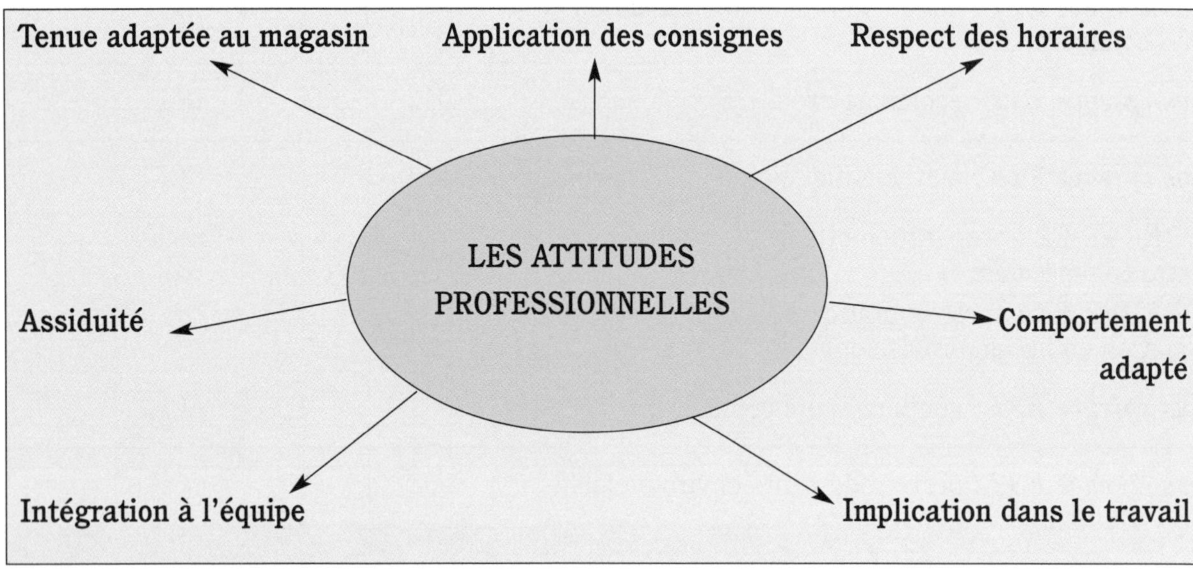

COMPÉTENCES PROFESSIONNELLES À ACQUÉRIR

Le stagiaire devra acquérir des compétences spécifiques :

- **au niveau de l'animation (ou de l'offre produits) :** mettre en place les facteurs d'ambiance, installer la signalétique et maintenir l'attractivité de tout ou partie de l'espace de vente ;
- **au niveau de la gestion du rayon :** participer à l'approvisionnement et au réassort, préparer la commande, puis réceptionner les produits, appliquer les règles d'hygiène et de sécurité liées au personnel et aux clients ainsi qu'aux produits et aux locaux ;
- **au niveau de la vente :** analyser le marché et s'adapter aux besoins détectés, préparer la vente de produits, réaliser la vente en utilisant les techniques de vente et participer au suivi de la vente et à la fidélisation de la clientèle.

MISSIONS DU TUTEUR

Elles sont de trois ordres :

- une **mission d'intégration** visant à mettre à l'aise le stagiaire (accueillir, guider sur le lieu de travail, faire découvrir les postes de travail) ;
- une **mission relationnelle**, car la communication est la pierre angulaire de toute activité professionnelle (informer, sécuriser, intégrer, dialoguer, motiver, dynamiser) ;
- une **mission professionnelle** avec la transmission d'expériences (former, transmettre des savoir-faire et des savoir-être, développer des compétences professionnelles, participer à l'évaluation).

ÉPREUVE EP2 BEP MRCU

Pratique de l'accueil, de l'information et de la vente

ÉPREUVE EP2 : PRATIQUE DE L'ACCUEIL, DE L'INFORMATION ET DE LA VENTE

Indicateurs d'évaluation

Situation n° 1 : Pratique des activités en entreprise

Phase 1 : Accueil et information		
• **Comportement professionnel** – Accueil du client ou de l'usager (organiser son espace d'accueil, saluer, identifier l'interlocuteur….) – Attitude professionnelle d'accueil (posture, tenue, disponibilité….) – Respect des consignes, gestion des priorités, prise d'initiative, implication	**TS**	Assure un accueil de qualité, professionnel et personnalisé. Le comportement professionnel est très approprié.
	S	L'accueil est conforme aux exigences de l'entreprise. Le comportement est professionnel.
	I	L'accueil est inadapté et peu professionnel.
	TI	L'accueil est très impersonnel, les consignes ne sont pas respectées.
• **Qualité des réponses apportées aux demandes d'information ou de conseil** – Recherche et sélection de l'information, orientation, remise d'une documentation	**TS**	Les réponses apportées sont pertinentes et correspondent aux usages professionnels.
	S	La demande est comprise mais les réponses apportées ne sont pas totalement pertinentes.
	I	La demande est partiellement comprise et les réponses apportées ne sont pas adaptées.
	TI	Incapacité totale à comprendre puis à répondre à la demande.
• **Qualité relationnelle établie avec le client ou l'usager** – Application des règles de savoir-vivre, confort du client	**TS**	La relation établie est de qualité et professionnelle.
	S	La relation établie est adaptée au client ou à l'usager.
	I	La relation établie est d'une qualité insuffisante.
	TI	Les règles de savoir-vivre ne sont pas respectées. La relation établie est médiocre ; elle ne tient pas compte du confort du client.
• **Aptitude à transmettre des informations et à rendre compte** – Remontée des informations	**TS**	Les informations transmises sont complètes.
	S	Les informations transmises sont incomplètes.
	I	Certaines informations transmises sont erronées.
	TI	Les informations ne correspondent pas à celles qui doivent-être transmises. Des erreurs importantes sont présentes.
Phase 2 : Vente		
• **Comportement professionnel** – Préparation de l'entretien (connaissance de l'offre de la clientèle, du produit ou du service...) – Recherche méthodique des besoins du client, de l'usager – Posture professionnelle adaptée	**TS**	La reformulation et l'empathie sont pratiquées avec professionnalisme.
	S	Les besoins du client ou de l'usager sont reformulés correctement.
	I	Les besoins sont formulés avec des erreurs. La posture professionnelle est à améliorer.
	TI	Les besoins ne sont pas reformulés. La posture professionnelle est totalement inadaptée.

Critères	Niveau	Indicateurs
• **Cohérence et pertinence des réponses apportées lors de l'entretien de vente** – Présentation du produit, du service – Réponses aux questions et objections courantes – Conclusion de l'entretien de vente (vente additionnelle, encaissement, prise de congé, recherche de l'accord du client)	**TS**	Les réponses apportées sont pertinentes, claires et professionnelles.
	S	Les réponses apportées sont adaptées.
	I	Les réponses apportées sont partiellement adaptées.
	TI	Les réponses apportées ne tiennent pas compte des demandes de l'interlocuteur.
• **Qualité de l'argumentation et de l'écoute** – Écoute active du client, de l'usager – Argumentation et conseil (démonstration, traitement des objections).	**TS**	Capacité à convaincre le client ou l'usager et à pratiquer l'écoute active.
	S	Les arguments présentés ne sont pas tous pertinents et l'écoute active est correcte.
	I	Les arguments sont inadaptés et l'écoute active n'est pas pratiquée.
	TI	Les arguments sont inexistants et l'écoute active n'est pas pratiquée.
• **Qualité de l'expression et conformité aux règles et usages professionnels** – Utilisation d'un vocabulaire adapté tout au long de l'entretien.	**TS**	Le vocabulaire est professionnel et adapté à la situation.
	S	Le vocabulaire est adapté mais pas toujours professionnel.
	I	Le vocabulaire est inadapté à la situation.
	TI	D'importantes erreurs de vocabulaire sont commises et rendent la prestation médiocre.
Situation n° 2 : Connaissance de l'environnement professionnel (entretien)		
• **Maîtrise de l'environnement organisationnel, économique et juridique des organisations** – Maîtrise du cadre des échanges	**TS**	L'élève dirige et maîtrise parfaitement l'échange (ton, vocabulaire, arguments adaptés).
	S	L'élève maîtrise l'échange ; le jury le sollicite ponctuellement.
	I	L'élève est hésitant ; le jury doit le solliciter pour obtenir des informations.
	TI	L'élève ne maîtrise pas l'échange même si le jury l'interroge.
– Présentation de la structure, de l'offre, de la clientèle et du marché de l'organisation	**TS**	L'élève a une excellente connaissance de l'environnement professionnel. (caractérise son entreprise, identifie sa clientèle, sa concurrence et sa zone de chalandise).
	S	L'élève a une connaissance satisfaisante de l'environnement professionnel.
	I	L'élève n'a qu'une connaissance partielle de l'environnement professionnel.
	TI	L'élève n'a aucune connaissance de l'environnement professionnel.

Grille d'évaluation en CCF – Coefficient 8
Épreuve EP2 : Pratique de l'accueil, de l'information et de la vente
BEP Métiers de la Relation aux Clients et aux Usagers

ACADÉMIE	**SESSION**
CANDIDAT (Nom et prénom)	**Date**
ENTREPRISE	**Tuteur :** .... **Fonction :** ....

Critères de positionnement	TI	I	S	TS	
Situation n° 1 : Pratique des activités en entreprise					
Phase 1 : Accueil et information					
• **Comportement professionnel** – Accueil du client ou de l'usager (organiser son espace d'accueil, saluer, identifier l'interlocuteur….) – Attitude professionnelle d'accueil (posture, tenue, disponibilité….) – Respect des consignes, gestion des priorités, prise d'initiative, implication					......../40
• **Qualité des réponses apportées aux demandes d'information ou de conseil** – Recherche et sélection de l'information, orientation, remise d'une documentation					
• **Qualité relationnelle établie avec le client ou l'usager** – Application des règles de savoir-vivre, confort du client					
• **Aptitude à transmettre des informations et à rendre compte** – Remontée des informations					
Phase 2 : Vente					
• **Comportement professionnel** – Préparation de l'entretien (connaissance de l'offre de la clientèle, du produit ou du service...) – Recherche méthodique des besoins du client, de l'usager – Posture professionnelle adaptée					......../60
• **Cohérence et pertinence des réponses apportées lors de l'entretien de vente** – Présentation du produit, du service – Réponses aux questions et objections courantes – Conclusion de l'entretien de vente (vente additionnelle, encaissement, prise de congé, recherche de l'accord du client)					
• **Qualité de l'argumentation et de l'écoute** – Écoute active du client, de l'usager – Argumentation et conseil (démonstration, traitement des objections)					
• **Qualité de l'expression et conformité aux règles et usages professionnels** – Utilisation d'un vocabulaire adapté tout au long de l'entretien					
Situation n° 2 : Connaissance de l'environnement professionnel (entretien)					
• **Maîtrise de l'environnement organisationnel, économique et juridique des organisations** – Maîtrise du cadre des échanges – Présentation de la structure, de l'offre, de la clientèle et du marché de l'organisation.					......../60
Total situations 1 + 2	TOTAL ..../160 Note : ..../20				

Appréciation globale du candidat	*Noms*	*Visas*
	Le tuteur : Le professeur :	

SECONDE PARTIE

Le suivi des PFMP en première et en terminale

La négociation des activités professionnelles en première et en terminale

Pour chaque PFMP, cochez dans le tableau ci-dessous les objectifs négociés par votre tuteur avec l'entreprise.

Compétences terminales		Activités possibles en entreprise	Activités négociées avec l'entreprise				
C.1. ANIMER	**C.1.1. Organiser l'offre produits**		**P1**	**P2**	**P3**	**P4**	**Observations**
	C.1.1.1. Mettre en place des facteurs d'ambiance	Identification des facteurs d'ambiance					
		Identification de l'organisation de la surface de vente					
		Participation à la sélection des éléments d'ambiance de la vitrine et/ou de l'espace de vente					
		Installation des éléments d'ambiance					
	C.1.1.2. Installer la signalétique	Identification des éléments constitutifs de la signalétique					
		Repérage des éléments d'ILV ou de PLV disponibles et sélection des éléments utiles					
		Création de support(s) de signalétique					
		Installation de support(s) de signalétique					
	C.1.1.3. Maintenir l'attractivité de tout ou partie de l'espace de vente	Diagnostic des causes du manque d'attractivité					
		Proposition d'action(s) à mettre en place					
		Prise de mesures immédiates pour maintenir l'achalandage de l'espace de vente et assurer la protection des produits					
C.2. GÉRER	**C.2.1. Approvisionner et réassortir**		**P1**	**P2**	**P3**	**P4**	**Observations**
	C.2.1.1. Participer à l'approvisionnement	Identification du ou des fournisseurs					
		Exploitation des informations émanant du ou des fournisseurs					
		Application des procédures d'approvisionnement					
		Mise à jour des fichiers « fournisseurs » et « produits »					
	C.2.1.2. Réaliser le réassortiment	Détection et comptage des produits manquants					
		Déclenchement de la procédure de réassortiment					
		Réalisation de la rotation des produits					
	C.2.1.3. Préparer la commande	Qualification de la structure de l'assortiment					
		Comptage des produits en stock (magasin et réserve) et calcul des produits à commander					
		Passation de la commande					
	C.2.1.4. Réceptionner les produits	Vérification du respect du planning des réceptions					
		Contrôle des livraisons (contrôles quantitatif et de conformité)					
		Prise des mesures nécessaires pour remédier aux défauts, erreurs, retards de livraison					
		Contrôle qualitatif des produits et rangement dans la zone de stockage, la réserve ou le magasin					
		Prise des mesures pour garantir la qualité des produits					
		Étiquetage des produits et mise en place des antivols (le cas échéant)					
		Saisie ou validation de l'entrée en stock					
	C.2.1.5. Effectuer les opérations de contrôle	Réalisation du rapprochement bon de commande - livraison					

	C.2.4. Participer à la gestion et à la prévention des risques		P1	P2	P3	P4	Observations
C.2. GÉRER	C.2.4.1. Appliquer les règles d'hygiène et de sécurité liées au personnel et aux clients	Application stricte des règles d'hygiène et de sécurité					
		Détection des dysfonctionnements, des incidents, des anomalies					
		Prise de mesure(s) conservatoire(s)					
		Intervention auprès du responsable					
		Actualisation des règles d'hygiène					
		Attitude de veille quant à l'application des règles d'hygiène et de sécurité par le client					
	C.2.4.2. Appliquer les règles d'hygiène et de sécurité liées aux produits, aux équipements et aux locaux	Application des règles d'hygiène et de sécurité					
		Contrôle de l'application des règles d'hygiène relatives aux produits de la réception à la mise en rayon					
		Détection des dysfonctionnements, des incidents, des anomalies					
		Prise de mesure(s) conservatoire(s)					
		Proposition(s) pour remédier aux dysfonctionnements constatés					
		Actualisation des règles d'hygiène et de sécurité					
C.3. VENDRE	**C.3.1. Préparer la vente**		**P1**	**P2**	**P3**	**P4**	**Observations**
	C.3.1.2. Exploiter tout ou partie d'un argumentaire	Création ou utilisation de tout ou partie d'un argumentaire					
	C.3.1.3. Qualifier la clientèle	Recherche et sélection des informations relatives au profil de la clientèle de la zone de chalandise					
	C.3.2. Réaliser la vente de produits		**P1**	**P2**	**P3**	**P4**	**Observations**
	C.3.2.1. Effectuer la découverte du client	Accueil du client					
		Recherche des mobiles, des motivations et des freins					
		Adoption d'une attitude et d'un comportement adaptés au langage et au paralangage du client					
	C.3.2.2. Présenter le produit au client	Sélection dans l'offre commerciale du ou des produits correspondant aux attentes du client					
	C.3.2.3. Argumenter et conseiller	Réalisation de démonstration(s) si besoin est					
		Traitement des objections					
	C.3.2.4. Conclure la vente	Obtention de l'accord du client					
	C.3.2.5. Conclure l'entretien de vente	Réalisation de vente(s) additionnelle(s) et/ou de service(s) associé(s)					
		Encaissement					
		Prise de congé					
	C.3.2.6. Traiter les réclamations	Gestion des relations conflictuelles (identification de la nature de la réclamation, recherche d'une réponse possible)					
		Transmission de l'information au bon interlocuteur					
	C.3.2.7. S'auto-évaluer en situation de communication	Auto-évaluation des prestations réalisées					

GRILLE D'ÉVALUATION FORMATIVE DES PFMP

Épreuve E3 – Sous-épreuve E31 – CCF – Vente en unité commerciale (coef. 4)

COMPÉTENCES PROFESSIONNELLES
Observations conjointes du professeur chargé du suivi et du tuteur ou maître d'apprentissage * **NA : Non acquis.** L'élève n'est pas du tout autonome. Il peut exécuter toutes les opérations, mais il commet souvent des erreurs. ** **PA : Partiellement acquis.** L'élève arrive à exécuter les tâches demandées de manière correcte. Il manque cependant d'assurance. Il progresse, mais ne peut cependant être laissé en totale autonomie sur l'action. *** **A : Acquis.** L'élève réalise l'activité en autonomie, sans erreur. Il a pris de l'assurance, adopte un comportement professionnel et peut prendre quelques initiatives.

VENDRE		*Période 1*	*Période 2*	*Période 3*	*Période 4*
▸ **Préparer**	Qualifier la clientèle (Qui ? Combien ? Où ?)				
	Utiliser l'argumentaire				
	Préparer le matériel de vente				
▸ **Réaliser**	Prendre en charge le client				
	Effectuer la découverte				
	Présenter les produits				
	Conseiller et argumenter				
	Conclure et finaliser la vente				
	Traiter les réclamations				
GÉRER		*Période 1*	*Période 2*	*Période 3*	*Période 4*
▸ **Approvisionner et réassortir**	Participer à l'approvisionnement				
	Réaliser le réassortiment				
	Préparer la commande				
	Réceptionner les produits				
	Effectuer les opérations de contrôle				
▸ **Participer à la gestion et à la prévention des risques**	Appliquer les règles d'hygiène et de sécurité liées au personnel et aux clients				
	Appliquer les règles d'hygiène et de sécurité liées aux produits, aux équipements et aux locaux				
ANIMER		*Période 1*	*Période 2*	*Période 3*	*Période 4*
▸ **Organiser l'offre des produits**	Mettre en place les facteurs d'ambiance (mobilier, éclairage, son, vidéo…)				
	Installer la signalétique (étiquettes, prix, affichage…)				
	Maintenir l'attractivité de l'espace de vente (propreté, ordre, lisibilité des informations…)				

CLASSE DE PREMIÈRE

Première PFMP

Période : du .... **au** ....

Enseigne : ....

Adresse : ....

....

Téléphone : ....

Nom du directeur : ....

Nom du tuteur : ....

Phase de suivi : le ....

Cachet de l'entreprise *Signature du tuteur*

Cachet du lycée *Signature du professeur*

Phase d'évaluation : le ....

Cachet de l'entreprise *Signature du tuteur*

Cachet du lycée *Signature du professeur*

Deuxième PFMP

Période : du .... **au** ....

Enseigne : ....

Adresse : ....

....

Téléphone : ....

Nom du directeur : ....

Nom du tuteur : ....

Phase de suivi : le ....

Cachet de l'entreprise *Signature du tuteur*

Cachet du lycée *Signature du professeur*

Phase d'évaluation : le ....

Cachet de l'entreprise *Signature du tuteur*

Cachet du lycée *Signature du professeur*

GRILLE D'ÉVALUATION DE LA PREMIÈRE PFMP

CRITÈRES*	Très insuffisant	Insuffisant	Moyen	Bien	Très bien
Tenue adaptée					
Comportement adapté					
Respect des horaires					
Assiduité					
Application des consignes					
Implication dans le travail					
Intégration à l'équipe					
Qualité de la communication					
Autonomie					
Rigueur dans le travail					
Motivation					

* Cochez la case correspondant à votre choix.

FICHE BILAN
• Activités réalisées évaluées comme satisfaisantes
• Activités à améliorer
• Synthèse

GRILLE D'ÉVALUATION DE LA DEUXIÈME PFMP

CRITÈRES*	Très insuffisant	Insuffisant	Moyen	Bien	Très bien
Tenue adaptée					
Comportement adapté					
Respect des horaires					
Assiduité					
Application des consignes					
Implication dans le travail					
Intégration à l'équipe					
Qualité de la communication					
Autonomie					
Rigueur dans le travail					
Motivation					

* Cochez la case correspondant à votre choix.

FICHE BILAN
• Activités réalisées évaluées comme satisfaisantes
• Activités à améliorer
• Synthèse

FICHE DES ABSENCES ET DES RETARDS - CLASSE DE PREMIÈRE

Première PFMP : du .... **au** ....

Date	Absence*	Retard*	Motif	Signature du tuteur

* Mettre une croix dans la case correspondante.

Deuxième PFMP : du .... **au** ....

Date	Absence*	Retard*	Motif	Signature du tuteur

* Mettre une croix dans la case correspondante.

CLASSE DE TERMINALE

Troisième PFMP

Période : du .... **au** ....

Enseigne : ....

Adresse : ....

....

Téléphone : ....

Nom du directeur : ....

Nom du tuteur : ....

Phase de suivi : le ....

Cachet de l'entreprise *Signature du tuteur*

Cachet du lycée *Signature du professeur*

Phase d'évaluation : le ....

Cachet de l'entreprise *Signature du tuteur*

Cachet du lycée *Signature du professeur*

Quatrième PFMP

Période : du .... **au** ....

Enseigne : ....

Adresse : ....

....

Téléphone : ....

Nom du directeur : ....

Nom du tuteur : ....

Phase de suivi : le ....

Cachet de l'entreprise *Signature du tuteur*

Cachet du lycée *Signature du professeur*

Phase d'évaluation : le ....

Cachet de l'entreprise *Signature du tuteur*

Cachet du lycée *Signature du professeur*

Baccalauréat professionnel Commerce	
ACADÉMIE DE	ANNÉE SCOLAIRE ....

Épreuve E3 – Sous-épreuve E31 :
Vente en unité commerciale
Contrôle en cours de formation

Nom et prénom du candidat	
Établissement de formation	**Lycée professionnel** ....
Entreprise d'accueil	
Période d'accueil	**Du** .... **au** ....

SITUATION D'ÉVALUATION
ORGANISATION DE L'OFFRE PRODUITS

Négociation de la situation d'évaluation	
Conditions de réalisation	*Remplir cette partie en utilisant tout ou partie des éléments notés ci-contre* ↓
Date de l'évaluation	
Cadre ↳ Unité commerciale repérée (magasin ou espace de vente limité à la zone de responsabilité) ↳ Contexte professionnel d'un secteur donné ↳ Situation réelle, reconstituée ou simulée ↳ Environnement juridique réglementaire	✎ Décrire succinctement la situation proposée :
Éléments et outils mis à disposition ↳ Produits ↳ Éléments constitutifs des facteurs d'ambiance ↳ Éléments d'ILV ou de PLV ↳ Mobiliers et/ou supports de présentation	✎ Indiquer les éléments et outils mis à disposition :
Sources d'information ↳ Plan de l'espace de vente ↳ Consignes ou directives ↳ Réglementation en vigueur en hygiène et sécurité ↳ Normes	✎ Indiquer les sources données au candidat :
Entre le professeur	M. ☐ Mme ☐ Mlle ☐
Et le tuteur	M. ☐ Mme ☐ Mlle ☐

ORGANISATION DE L'OFFRE PRODUITS

SITUATION D'ÉVALUATION N° ☐ 1 ☐ 2 ☐ 3

DATE DE LA SITUATION : ....

COMPÉTENCES PROFESSIONNELLES	CRITÈRES D'ÉVALUATION[1]	TI	I	S	TS
ORGANISER L'OFFRE PRODUITS • Mettre en place les facteurs d'ambiance • Installer la signalétique • Maintenir l'attractivité de tout ou partie de l'espace de vente	**Organisation de l'offre produits** en adéquation avec la politique de l'unité commerciale et dans le respect des consignes :				
	– facteurs d'ambiance				
	– signalétique				
	– attractivité de la zone en responsabilité				
	Application des règles d'hygiène et de sécurité liées au personnel, aux clients, aux produits, aux équipements, aux locaux				
	Pertinence des diagnostics, des propositions ou des suggestions et **fiabilité des informations transmises**				

1. TI = très insuffisant ; I = insuffisant ; S = satisfaisant ; TS = très satisfaisant.

Appréciations des évaluateurs :

Fonction des évaluateurs	Nom des évaluateurs	Signature
Tuteur ☐ Professeur ☐	....	

NOTE / 20	

Baccalauréat professionnel Commerce

ACADÉMIE DE .... ANNÉE SCOLAIRE ....

Épreuve E3 – Sous-épreuve E31 :
Vente en unité commerciale
Contrôle en cours de formation

Nom et prénom du candidat	
Établissement de formation	**Lycée professionnel** ....
Entreprise d'accueil	
Période d'accueil	**Du** .... **au** ....

SITUATION D'ÉVALUATION GESTION DU RAYON

Négociation de la situation d'évaluation	
Conditions de réalisation	*Remplir cette partie en utilisant tout ou partie des éléments notés ci-contre* ↓
Date de l'évaluation	
Cadre ↳ Unité commerciale repérée (magasin ou espace de vente limité à la zone de responsabilité) ↳ Contexte professionnel d'un secteur donné ↳ Situation réelle, reconstituée ou simulée ↳ Environnement juridique réglementaire	✎ Décrire succinctement la situation proposée :
Éléments et outils mis à disposition ↳ Produits ↳ Fichiers « fournisseurs » et « produits » ↳ Outils informatiques, système de communication ↳ Outils d'aide à la décision (EDI) ↳ Appel d'offres, états des stocks, cadencier… ↳ Équipements	✎ Indiquer les éléments et outils mis à disposition :
Sources d'information ↳ Recommandations liées à la politique commerciale ↳ Documentation professionnelle ↳ États de stock, bons de commande, de livraison… ↳ Consignes ou directives ↳ Réglementation (réception, livraison, sécurité, hygiène) ↳ Plan d'organisation de la réserve ↳ Document unique, documents techniques (équipements) ↳ Règlement intérieur, contraintes liées à la sécurité	✎ Indiquer les sources données au candidat :
Entre le professeur	M. ☐ Mme ☐ Mlle ☐
Et le tuteur	M. ☐ Mme ☐ Mlle ☐

GESTION DU RAYON

SITUATION D'ÉVALUATION N° ☐ 1 ☐ 2 ☐ 3

DATE DE LA SITUATION : ....

COMPÉTENCES PROFESSIONNELLES	CRITÈRES D'ÉVALUATION[1]	TI	I	S	TS
APPROVISIONNER ET RÉASSORTIR • Participer à l'approvisionnement • Réaliser le réassortiment • Préparer la commande • Réceptionner les produits • Effectuer les opérations de contrôle	**Respect des consignes et procédures liées :**				
	– à la réception				
	– au réassortiment				
	– à l'approvisionnement				
PARTICIPER À LA GESTION ET À LA PRÉVENTION DES RISQUES • Appliquer les règles d'hygiène et de sécurité liées au personnel et aux clients • Appliquer les règles d'hygiène et de sécurité liées aux produits, aux équipements et aux locaux	**Application des règles d'hygiène et de sécurité** liées au personnel, aux clients, aux produits, aux équipements, aux locaux				
	Pertinence des diagnostics, des propositions ou des suggestions et **fiabilité des informations transmises**				

1. TI = très insuffisant ; I = insuffisant ; S = satisfaisant ; TS = très satisfaisant.

Appréciations des évaluateurs :

Fonction des évaluateurs	Nom des évaluateurs	Signature
Tuteur ☐	....	
Professeur ☐	....	

NOTE / 20	

Baccalauréat professionnel Commerce

ACADÉMIE DE .... ANNÉE SCOLAIRE ....

Épreuve E3 – Sous-épreuve E31 :
Vente en unité commerciale
Contrôle en cours de formation

Nom et prénom du candidat	
Établissement de formation	**Lycée professionnel** ....
Entreprise d'accueil	
Période d'accueil	**Du** .... **au** ....

SITUATION D'ÉVALUATION VENTE

Négociation de la situation d'évaluation	
Conditions de réalisation	*Remplir cette partie en utilisant tout ou partie des éléments notés ci-contre* ↓
Date de l'évaluation	
Cadre ↳ Unité commerciale repérée (magasin ou espace de vente limité à la zone de responsabilité) ↳ Contexte professionnel d'un secteur donné ↳ Situation de vente avec un client ↳ Mise en situation réelle ou simulée	✎ Décrire succinctement la situation proposée :
Outils mis à disposition ↳ Outils d'aide à la vente ↳ Matériels de démonstration (le cas échéant)	✎ Indiquer les éléments et outils mis à disposition :
Sources d'information ↳ Informations relatives à la zone de chalandise ↳ Profils client ↳ Conditions générales de vente ↳ Tarifs ↳ Relevés de prix ↳ Documentation produits ↳ Règles d'hygiène et de sécurité	✎ Indiquer les sources données au candidat :
Entre le professeur	M. ☐ Mme ☐ Mlle ☐
Et le tuteur	M. ☐ Mme ☐ Mlle ☐

VENTE

SITUATION D'ÉVALUATION N° ☐ 1 ☐ 2 ☐ 3

DATE DE LA SITUATION : ....

COMPÉTENCES PROFESSIONNELLES	CRITÈRES D'ÉVALUATION[1]	TI	I	S	TS
PRÉPARER LA VENTE DE PRODUITS	**Qualification de la clientèle de la zone de chalandise** : profils et besoins				
	Connaissances techniques mobilisées (relatives au[x] produit[s] et nécessaires à la vente)				
RÉALISER LA VENTE DE PRODUITS • Effectuer la découverte du client • Présenter le produit au client • Argumenter et conseiller • Conclure la vente • Conclure l'entretien de vente • Traiter les réclamations	**Finalisation des ventes** dans le respect de la politique de l'unité commerciale :				
	– découverte du client et de ses besoins				
	– mise en œuvre d'une argumentation de vente				
	– conclusion de la vente				
	Communication professionnelle (expression, attitude et comportement…)				
	Attitude et comportement professionnels dans la **gestion des réclamations** et fiabilité des informations transmises				
	Application des règles d'hygiène et de sécurité liées au personnel, aux clients, aux produits, aux équipements, aux locaux				
	Auto-évaluation de la prestation de communication				

1. TI = très insuffisant ; I = insuffisant ; S = satisfaisant ; TS = très satisfaisant.

Appréciations des évaluateurs :

Fonction des évaluateurs	Nom des évaluateurs	Signature
Tuteur ☐	....	
Professeur ☐	....	

NOTE / 40	

FICHE DES ABSENCES ET DES RETARDS - CLASSE DE TERMINALE

Troisième PFMP : du .... **au** ....

Date	Absence*	Retard*	Motif	Signature du tuteur

* Mettre une croix dans la case correspondante.

Quatrième PFMP : du .... **au** ....

Date	Absence*	Retard*	Motif	Signature du tuteur

* Mettre une croix dans la case correspondante.

GRILLE RÉCAPITULATIVE

Baccalauréat professionnel Commerce *Épreuve E3 – Sous-épreuve E31*	***Session*** ....
VENTE EN UNITÉ COMMERCIALE *GRILLE D'ÉVALUATION RÉCAPITULATIVE – CCF*	***Coefficient 4***

CANDIDAT **Nom et prénom :**	**CACHET DE L'ÉTABLISSEMENT**

1. Situation d'évaluation relative à l'organisation de l'offre produits	/ 20
2. Situation d'évaluation relative à la gestion du rayon	/ 20
3. Situation d'évaluation relative à la vente	/ 40
TOTAL 1 + 2 + 3	/ 80
NOTE E3.A (E31) – U3*	/ 20

* Proposition de note sur 20 arrondie au demi-point supérieur. (Lors de la proposition des notes sur 20 aux épreuves, la note sera arrondie au demi-point supérieur [BO n° 46 du 21/12/2000]. Par exemple : 10,25 → 10,5 ; 10,1 → 10,5).

Appréciations des évaluateurs :	
Effectif de la division :	Note moyenne : ....
Professeurs (ou formateurs) chargés des enseignements de spécialité Nom : .... Visa : Nom : .... Visa :	Visa du chef d'établissement

FORMATION EN MILIEU PROFESSIONNEL ATTESTATION

Je soussigné ...., chef d'établissement

de l'établissement ....

certifie que NOM .... Prénom ....,
inscrit dans l'établissement en classe de baccalauréat professionnel Commerce, a suivi, conformément à la législation en vigueur, des périodes de formation en entreprise.

	RAISON SOCIALE ET ADRESSE DE L'ENTREPRISE	PÉRIODE	OBSERVATIONS
Classe de seconde		.... semaines du .... au	
		.... semaines du .... au	
Classe de première		.... semaines du .... au	
		.... semaines du .... au	
Classe de terminale		.... semaines du .... au	
		.... semaines du .... au	

Le ....
Signature et cachet de l'établissement

ATTESTATION DE PÉRIODE DE FORMATION EN MILIEU PROFESSIONNEL N° 1

BACCALAURÉAT PROFESSIONNEL COMMERCE

Année scolaire ....

Nom du stagiaire : .... Classe : ....

Entreprise : ....

Adresse : ....

Période du stage : ....

Nombres de semaines : ....

CACHET DE L'ENTREPRISE	Le .... Nom du responsable : .... Signature :

ATTESTATION DE PÉRIODE DE FORMATION EN MILIEU PROFESSIONNEL N° 2

BACCALAURÉAT PROFESSIONNEL COMMERCE

Année scolaire ....

Nom du stagiaire : .... Classe : ....

Entreprise : ....

Adresse : ....

Période du stage : ....

Nombres de semaines : ....

CACHET DE L'ENTREPRISE	Le .... Nom du responsable : .... Signature :

(Documents à remettre à l'élève en fin de formation.)

ATTESTATION DE PÉRIODE DE FORMATION EN MILIEU PROFESSIONNEL N° 3

BACCALAURÉAT PROFESSIONNEL COMMERCE

Année scolaire	
Nom du stagiaire : .... Classe : .... Entreprise : .... Adresse : .... Période du stage : .... Nombres de semaines :	
CACHET DE L'ENTREPRISE	Le .... Nom du responsable : .... Signature :

ATTESTATION DE PÉRIODE DE FORMATION EN MILIEU PROFESSIONNEL N° 4

BACCALAURÉAT PROFESSIONNEL COMMERCE

Année scolaire	
Nom du stagiaire : .... Classe : .... Entreprise : .... Adresse : .... Période du stage : .... Nombres de semaines :	
CACHET DE L'ENTREPRISE	Le .... Nom du responsable : .... Signature :

(Documents à remettre à l'élève en fin de formation.)